Pag

The La
COOKBOOK
Our Family Favorite
Ⓡ *ecipes*

Blank Cookbook Formatted for Your Menu Choices

This Recipe Book belongs to:

_____

Table of Contents for each Category
Located directly after Start Page Listed Below

Recipes

Appetizers

Recipes

RECIPE TITLE:_____ PAGE:_____

RECIPE TITLE:_____ PAGE:_____

RECIPE TITLE:_____ PAGE:_____

RECIPE TITLE:_____ PAGE:_____

RECIPE TITLE:_____ PAGE:_____

RECIPE TITLE:_____ PAGE:_____

RECIPE TITLE:_____ PAGE:_____

RECIPE TITLE:_____ PAGE:_____

RECIPE TITLE:_____ PAGE:_____

RECIPE TITLE:_____ PAGE:_____

RECIPE TITLE:_____ PAGE:_____

RECIPE TITLE:_____ PAGE:_____

RECIPE TITLE:_____ PAGE:_____

RECIPE TITLE:_____ PAGE:_____

RECIPE TITLE:_____ PAGE:_____

RECIPE TITLE:_____ PAGE:_____

Appetizers

Recipes

TITLE	
INGREDIENTS	

DIRECTIONS:

Recipes

TITLE	
INGREDIENTS	

DIRECTIONS:

Recipes

TITLE	
INGREDIENTS	

DIRECTIONS:

Recipes

TITLE

INGREDIENTS

DIRECTIONS:

Recipes

TITLE

INGREDIENTS

DIRECTIONS:

Recipes

TITLE	
INGREDIENTS	

DIRECTIONS: _____

Recipes

TITLE	
INGREDIENTS	

DIRECTIONS:

Recipes

TITLE	
INGREDIENTS	

DIRECTIONS: _____

Recipes

TITLE	
INGREDIENTS	

DIRECTIONS: _____

Recipes

TITLE

INGREDIENTS

DIRECTIONS:

Recipes

TITLE	
INGREDIENTS	

DIRECTIONS:

Recipes

TITLE

INGREDIENTS

DIRECTIONS:

Recipes

TITLE	
INGREDIENTS	

DIRECTIONS:

Recipes

TITLE

INGREDIENTS

DIRECTIONS:

Recipes

TITLE	
INGREDIENTS	

DIRECTIONS:

Recipes

TITLE	
INGREDIENTS	

DIRECTIONS:

Recipes

Baked Goods

Recipes

Recipe Title:	Page:
Recipe Title: _____	Page: _____
Recipe Title: _____	Page: _____
Recipe Title: _____	Page: _____
Recipe Title: _____	Page: _____
Recipe Title: _____	Page: _____
Recipe Title: _____	Page: _____
Recipe Title: _____	Page: _____
Recipe Title: _____	Page: _____
Recipe Title: _____	Page: _____
Recipe Title: _____	Page: _____
Recipe Title: _____	Page: _____
Recipe Title: _____	Page: _____
Recipe Title: _____	Page: _____
Recipe Title: _____	Page: _____
Recipe Title: _____	Page: _____
Recipe Title: _____	Page: _____

Baked Goods

Recipes

RECIPE TITLE:_____ PAGE:_____

RECIPE TITLE:_____ PAGE:_____

RECIPE TITLE:_____ PAGE:_____

RECIPE TITLE:_____ PAGE:_____

RECIPE TITLE:_____ PAGE:_____

RECIPE TITLE:_____ PAGE:_____

RECIPE TITLE:_____ PAGE:_____

RECIPE TITLE:_____ PAGE:_____

RECIPE TITLE:_____ PAGE:_____

RECIPE TITLE:_____ PAGE:_____

RECIPE TITLE:_____ PAGE:_____

RECIPE TITLE:_____ PAGE:_____

RECIPE TITLE:_____ PAGE:_____

RECIPE TITLE:_____ PAGE:_____

RECIPE TITLE:_____ PAGE:_____

RECIPE TITLE:_____ PAGE:_____

Baked Goods

Recipes

TITLE

INGREDIENTS

DIRECTIONS:

Recipes

TITLE	
INGREDIENTS	

DIRECTIONS:

Recipes

TITLE	
INGREDIENTS	

DIRECTIONS: _____

Recipes

TITLE	
INGREDIENTS	

DIRECTIONS: _____

Recipes

TITLE	
INGREDIENTS	

DIRECTIONS: _____

Recipes

TITLE	
INGREDIENTS	

DIRECTIONS:

Recipes

TITLE

INGREDIENTS

DIRECTIONS: _____

Recipes

TITLE	
INGREDIENTS	

DIRECTIONS: _____

Recipes

TITLE	
INGREDIENTS	

DIRECTIONS: _____

Recipes

TITLE	
INGREDIENTS	

DIRECTIONS:

Recipes

TITLE	
INGREDIENTS	

DIRECTIONS: _____

Recipes

TITLE	
INGREDIENTS	

DIRECTIONS:

Recipes

TITLE

INGREDIENTS

DIRECTIONS:

Recipes

TITLE	
INGREDIENTS	

DIRECTIONS:

Recipes

TITLE	
INGREDIENTS	

DIRECTIONS:

Recipes

TITLE	
INGREDIENTS	

DIRECTIONS:

Recipes

TITLE	
INGREDIENTS	

DIRECTIONS:

Recipes

TITLE	
INGREDIENTS	

DIRECTIONS:

Recipes

TITLE	
INGREDIENTS	

DIRECTIONS: _____

Recipes

Title	
Ingredients	

DIRECTIONS:

Recipes

TITLE

INGREDIENTS

DIRECTIONS:

Recipes

TITLE	
INGREDIENTS	

DIRECTIONS:

Recipes

TITLE	
INGREDIENTS	

DIRECTIONS: _____

Recipes

TITLE	
INGREDIENTS	

DIRECTIONS:

Recipes

TITLE

INGREDIENTS

DIRECTIONS:

Recipes

TITLE	
INGREDIENTS	

DIRECTIONS:

Recipes

TITLE	
INGREDIENTS	

DIRECTIONS: _____

Recipes

TITLE	
INGREDIENTS	

DIRECTIONS:

Recipes

TITLE	
INGREDIENTS	

DIRECTIONS: _____

Recipes

TITLE	
INGREDIENTS	

DIRECTIONS:

Recipes

TITLE	
INGREDIENTS	

DIRECTIONS:

Recipes

TITLE

INGREDIENTS

DIRECTIONS:

Recipes

Desserts

Recipes

RECIPE TITLE:	PAGE:
RECIPE TITLE:	PAGE:
RECIPE TITLE:	PAGE:
RECIPE TITLE:	PAGE:
RECIPE TITLE:	PAGE:
RECIPE TITLE:	PAGE:
RECIPE TITLE:	PAGE:
RECIPE TITLE:	PAGE:
RECIPE TITLE:	PAGE:
RECIPE TITLE:	PAGE:
RECIPE TITLE:	PAGE:
RECIPE TITLE:	PAGE:
RECIPE TITLE:	PAGE:
RECIPE TITLE:	PAGE:
RECIPE TITLE:	PAGE:
RECIPE TITLE:	PAGE:

Desserts

Recipes

TITLE	
INGREDIENTS	

DIRECTIONS: _____

Recipes

TITLE	
INGREDIENTS	

DIRECTIONS:

Recipes

TITLE	
INGREDIENTS	

DIRECTIONS: _____

Recipes

TITLE	
INGREDIENTS	

DIRECTIONS:

Recipes

TITLE

INGREDIENTS

DIRECTIONS:

Recipes

TITLE	
INGREDIENTS	

DIRECTIONS:

Recipes

TITLE	
INGREDIENTS	

DIRECTIONS:

Recipes

TITLE	
INGREDIENTS	

DIRECTIONS:

Recipes

TITLE	
INGREDIENTS	

DIRECTIONS: _____

Recipes

TITLE	
INGREDIENTS	

DIRECTIONS:

Recipes

TITLE

INGREDIENTS

DIRECTIONS:

Recipes

TITLE	
INGREDIENTS	

DIRECTIONS:

Recipes

TITLE	
INGREDIENTS	

DIRECTIONS: _____

Recipes

TITLE

INGREDIENTS

DIRECTIONS:

Recipes

Title	
INGREDIENTS	

DIRECTIONS: _____

Recipes

TITLE	
INGREDIENTS	

DIRECTIONS:

Recipes

Main Dishes

Recipes

RECIPE TITLE:_____PAGE:_____

RECIPE TITLE:_____PAGE:_____

RECIPE TITLE:_____PAGE:_____

RECIPE TITLE:_____PAGE:_____

RECIPE TITLE:_____PAGE:_____

RECIPE TITLE:_____PAGE:_____

RECIPE TITLE:_____PAGE:_____

RECIPE TITLE:_____PAGE:_____

RECIPE TITLE:_____PAGE:_____

RECIPE TITLE:_____PAGE:_____

RECIPE TITLE:_____PAGE:_____

RECIPE TITLE:_____PAGE:_____

RECIPE TITLE:_____PAGE:_____

RECIPE TITLE:_____PAGE:_____

RECIPE TITLE:_____PAGE:_____

RECIPE TITLE:_____PAGE:_____

Main Dishes

Recipes

RECIPE TITLE:_____ PAGE:_____

RECIPE TITLE:_____ PAGE:_____

RECIPE TITLE:_____ PAGE:_____

RECIPE TITLE:_____ PAGE:_____

RECIPE TITLE:_____ PAGE:_____

RECIPE TITLE:_____ PAGE:_____

RECIPE TITLE:_____ PAGE:_____

RECIPE TITLE:_____ PAGE:_____

RECIPE TITLE:_____ PAGE:_____

RECIPE TITLE:_____ PAGE:_____

RECIPE TITLE:_____ PAGE:_____

RECIPE TITLE:_____ PAGE:_____

RECIPE TITLE:_____ PAGE:_____

RECIPE TITLE:_____ PAGE:_____

RECIPE TITLE:_____ PAGE:_____

Main Dishes

Recipes

TITLE

INGREDIENTS

DIRECTIONS:

Recipes

TITLE	
INGREDIENTS	

DIRECTIONS: _____

Recipes

TITLE	
INGREDIENTS	

DIRECTIONS:

Recipes

TITLE

INGREDIENTS

DIRECTIONS:

Recipes

TITLE	
INGREDIENTS	

DIRECTIONS:

Recipes

TITLE	
INGREDIENTS	

DIRECTIONS: _____

Recipes

TITLE

INGREDIENTS

DIRECTIONS:

Recipes

TITLE

INGREDIENTS

DIRECTIONS:

Recipes

TITLE	
INGREDIENTS	

DIRECTIONS:

Recipes

TITLE

INGREDIENTS

DIRECTIONS:

Recipes

TITLE	
INGREDIENTS	

DIRECTIONS:

Recipes

TITLE

INGREDIENTS

DIRECTIONS:

Recipes

TITLE	
INGREDIENTS	

DIRECTIONS:

Recipes

TITLE	
INGREDIENTS	

DIRECTIONS: _____

Recipes

TITLE	
INGREDIENTS	

DIRECTIONS:

Recipes

TITLE

INGREDIENTS

DIRECTIONS:

Recipes

TITLE	
INGREDIENTS	

DIRECTIONS:

Recipes

TITLE	
INGREDIENTS	

DIRECTIONS: _____

Recipes

TITLE	
INGREDIENTS	

DIRECTIONS:

Recipes

TITLE	
INGREDIENTS	

DIRECTIONS: _____

Recipes

TITLE

INGREDIENTS

DIRECTIONS:

Recipes

TITLE

INGREDIENTS

DIRECTIONS:

Recipes

TITLE	
INGREDIENTS	

DIRECTIONS:

Recipes

TITLE	
INGREDIENTS	

DIRECTIONS: _____

Recipes

TITLE	
INGREDIENTS	

DIRECTIONS:

Recipes

TITLE	
INGREDIENTS	

DIRECTIONS: _____

Recipes

TITLE

INGREDIENTS

DIRECTIONS:

Recipes

TITLE	
INGREDIENTS	

DIRECTIONS: _____

Recipes

TITLE	
INGREDIENTS	

DIRECTIONS:

Recipes

TITLE	
INGREDIENTS	

DIRECTIONS: _____

Recipes

TITLE	
INGREDIENTS	

DIRECTIONS:

Recipes

TITLE	
INGREDIENTS	

DIRECTIONS: _____

Recipes

RECIPE TITLE: _____ PAGE: _____

RECIPE TITLE: _____ PAGE: _____

RECIPE TITLE: _____ PAGE: _____

RECIPE TITLE: _____ PAGE: _____

RECIPE TITLE: _____ PAGE: _____

RECIPE TITLE: _____ PAGE: _____

RECIPE TITLE: _____ PAGE: _____

RECIPE TITLE: _____ PAGE: _____

RECIPE TITLE: _____ PAGE: _____

RECIPE TITLE: _____ PAGE: _____

RECIPE TITLE: _____ PAGE: _____

RECIPE TITLE: _____ PAGE: _____

RECIPE TITLE: _____ PAGE: _____

RECIPE TITLE: _____ PAGE: _____

RECIPE TITLE: _____ PAGE: _____

RECIPE TITLE: _____ PAGE: _____

Soups and Salads

Recipes

TITLE	
INGREDIENTS	

DIRECTIONS: _____

Recipes

TITLE	
INGREDIENTS	

DIRECTIONS: _____

Recipes

TITLE	
INGREDIENTS	

DIRECTIONS: _____

Recipes

TITLE	
INGREDIENTS	

DIRECTIONS: _____

Recipes

TITLE	
INGREDIENTS	

DIRECTIONS: _____

Recipes

TITLE

INGREDIENTS

DIRECTIONS:

Recipes

TITLE

INGREDIENTS

DIRECTIONS:

Recipes

TITLE	
INGREDIENTS	

DIRECTIONS: _____

Recipes

TITLE	
INGREDIENTS	

DIRECTIONS:

Recipes

TITLE	
INGREDIENTS	

DIRECTIONS: _____

Recipes

TITLE	
INGREDIENTS	

DIRECTIONS: _____

Recipes

TITLE

INGREDIENTS

DIRECTIONS:

Recipes

TITLE

INGREDIENTS

DIRECTIONS:

Recipes

TITLE

INGREDIENTS

DIRECTIONS:

Recipes

TITLE	
INGREDIENTS	

DIRECTIONS:

Recipes

TITLE	
INGREDIENTS	

DIRECTIONS: _____

Rose Montgomery's
Children's Story Book
Series

PARABLES
from
PARADISE

Stories that help Children
Learn to Always
Put Their Trust in Jesus
Find them at AMAZON.com

You will also find Rose's Cookbooks

"Farmers' Market Cookbook"

"Plant Based Cookbook"

"Simply Baking Series"
*Country Style Cookie Cookbook
*Country Style Cupcake Cookbook
*Country Style Cake Cookbook

Find out more at:
WorkofArtGraphicDesigns.webs.com
Copyright©2013

Rose Montgomery
Blank Books by Cover Creations
Publisher: Work of Art Graphic Designs

Made in United States
Orlando, FL
24 July 2023

35412367R00075